图书在版编目（CIP）数据

世界各地的市场 /（西）约瑟夫·苏卡拉茨著；
（英）米兰达·索弗罗尼欧绘；吴璐瑶译. -- 福州：海
峡书局，2022.4（2023.9重印）
ISBN 978-7-5567-0941-0

Ⅰ.①世… Ⅱ.①约…②米…③吴… Ⅲ.①市场—
少儿读物 Ⅳ.① F713.5-49

中国版本图书馆 CIP 数据核字 (2022) 第 051181 号

著作权合同登记号：13-2022-015

Text and script copyright © Josep Sucarrats, 2020
Illustrations copyright © Miranda Sofroniou, 2020

First published in Spain by Editorial Flamboyant S.L.
under the title *Mercats, un món per descobrir*

本书简体中文版权归属于银杏树下（上海）图书有限责任公司

著　者	［西］约瑟夫·苏卡拉茨		
绘　者	［英］米兰达·索弗罗尼欧		
译　者	吴璐瑶		
出版人	林　彬	出版统筹	吴兴元
编辑统筹	杨建国	责任编辑	廖飞琴　俞晓佳
特约编辑	冉　平	装帧制造	墨白空间·王茜
营销推广	ONEBOOK	排　版	赵昕玥

世界各地的市场
SHIJIE GE DI DE SHICHANG

出版发行：	海峡出版发行集团 海峡书局	地　　址：	福州市白马中路 15 号 海峡出版发行集团 2 楼
邮　编：	350004	印　刷：	鸿博昊天科技有限公司
开　本：	965mm×1230mm 16 开		
印　张：	2.75	字　数：	50 千字
版　次：	2022 年 4 月第 1 版	印　次：	2023 年 9 月第 5 次印刷
书　号：	ISBN 978-7-5567-0941-0	定　价：	60.00 元

读者服务：reader@hinabook.com 188-1142-1266
投稿服务：onebook@hinabook.com 133-6631-2326
直销服务：buy@hinabook.com 133-6657-3072
官方微博：@浪花朵朵童书

后浪出版咨询（北京）有限责任公司　版权所有，侵权必究
投诉信箱：editor@hinabook.com　fawu@hinabook.com
未经许可，不得以任何方式复制或者抄袭本书部分或全部内容
本书若有印、装质量问题，请与本公司联系调换，电话 010-64072833

浪花朵朵

世界各地的市场

[西]约瑟夫·苏卡拉茨 著
[英]米兰达·索弗罗尼欧 绘
吴璐瑶 译

海峡出版发行集团 | 海峡书局

序
费兰·阿德里亚

世界名厨

几年前，我在地中海岸边经营斗牛犬餐厅，餐厅只在夏天开放，每年剩下的时间，我专门腾出一些来环球旅行。通过这种方式，我知道了许多新奇的烹调技术和烹饪食材。我的好友阿列克斯在巴西圣保罗有一家餐厅，偶然一次机会，我和他一起去了亚马孙热带雨林，和我们一起的还有他的两位主厨——何塞和何塞玛丽。

阿列克斯带我们去逛维罗佩索市场，它在巴西帕拉州贝伦市的河岸边。我们在摊位之间穿梭，阿列克斯给我们展示了一大堆各式各样的香料。我永远不会忘记那次参观，因为我发现，即使我每天都下厨、吃饭，关于烹饪和饮食我还是有很多东西要学。

希望你这辈子能去一次这个市场。如果你去不了，你家附近一定也有卖食品和饮料的市场。很多年前，我在巴塞罗那的一家作坊工作，它在一个非常有名的市场——波盖利亚市场——旁边。那时候，我每天都去这个市场。直到现在，我还时不时地去那儿，每次总有新发现。商贩们最了解自己卖的水果、蔬菜、肉和鱼，他们可以告诉你美味的菜谱和出人意料的趣事。

因为我对市场的热爱，我欣然接受为这本精美的书写序。逛市场对我来说就像回家一样舒服！接下来，如果你睁大眼睛注意看，会发现市场是最有趣的地方。

当我们逛市场时，脑子里总是会生出很多疑问，但其中的很多也能找到答案。所以我鼓励你常去逛逛市场。在这本书的每一页，你都会发现在世界的某个角落里有个市场，它正滋养着那里的人。毕竟，只要人们做饭、吃饭，就一定会有市场。

你知道吗，烹饪是人类最先开发出的技能之一？该吃什么？怎么吃？什么时候吃？哪些食材可以组合，哪些不可以？什么储存方式或者烹饪方式可以让食材更美味？……几千年前我们就已经在研究这些问题了。

如果你保持好奇，会觉得世界的每个角落都很有趣。也欢迎你来斗牛犬餐厅，和我讲一讲，你从滋养人类的市场里学到的关于吃、喝和烹饪的事情。

历史上的市场

**人类所有的文化都有某种完备的买卖体系。
从古代开始，市场就是许多城市的中心，人们在那里获得生活必需品。
另外，他们还会在市场碰面，交换想法和知识。**

据说，历史上最早的商贩是流动的，他们拉着货物去各处贩卖。后来，商贩们在事先约定好的时间和地点聚集起来，市场就此诞生！

古希腊 中心广场 古希腊哲学家柏拉图在《理想国》中表示：多亏了广场和在广场聚集的人们，集体渐渐产生，最后形成了城市。其实，古希腊城市的心脏就是中心广场，人们在这里做交易，听政治演说，互相辩论；当然，也买东西。

古罗马 马赛拉市场 古希腊的城市里有中心广场,古罗马则是圆形露天市场。但随着时间的推移,统治者想把食品买卖集中起来,于是他们建造了马赛拉市场。商贩们在这里卖当地各种各样的肉、鱼、香料,还卖从世界各地进口的各种商品。古罗马的马赛拉市场十分重要,它从公元前 2 世纪就存在了。马赛拉市场是方形的,中心有一个水池,摊位被一个个廊柱隔开,被装点得十分奢华,因为统治者想借此彰显城市的实力。

北美洲 独木舟市场 北美洲原住民经常划着独木舟去交换各种货物,独木舟上载满了各种原料和加工过的产品。由于经常迁徙,集市往往就成了人们碰面和交往的"战略要地"。例如,在 11 世纪和 12 世纪期间,美国伊利诺伊州的卡霍基亚就有一个重要的集市。它带来的商贸活动推动了整个密西西比河流域经济的发展,同时也带动了这一地区政治、宗教的发展。

阿兹特克文明 笛安吉斯市场 阿兹特克文明的市场叫"笛安吉斯",在帝国的许多部族里都有。其中,最大的一个在特拉特洛尔科古城。1338 年,阿兹特克人在如今的墨西哥境内建立了这个城市。人们在市中心筑起一座神庙,神庙前的广场便成了笛安吉斯市场。当西班牙殖民者来到这里时,这个市场令他们惊艳不已,所以他们几乎没有毁坏这个市场。市场上有阿兹特克帝国出产的所有种类的水果和蔬菜,但最吸引西班牙人的是可可豆。

中世纪 钟楼市场 在中世纪的欧洲,市场是城市的中心。市场通常是露天的,位于教堂旁边。但也有富裕的城市开始兴建房屋,把各种买卖更好地组织起来。12 世纪到 15 世纪间的某个时候,比利时的城市布鲁日建造了钟楼市场。市场的底层是肉铺、香料铺和杂货铺(卖丝带、纱线、棉线、纽扣等),上层则是市政厅。

喀什 大巴扎 大约 700 年前,马可·波罗在游记中写道:无数的布匹和货物被运到喀什,当地人靠开作坊和做买卖为生,许多商人从喀什出发,把货物卖到全世界。 多亏了马可·波罗,让我们知道了中国喀什的市场,它从中世纪起,甚至可能在更早的时候,就发挥着非常重要的作

用。直到今天，喀什的市场还是人满为患，有些人甚至不远千里去那儿！市场上什么都卖：布匹、鞋子、衣服、工艺品、牲畜……还有小饭馆卖的一碗碗热腾腾的肉酱面！

伊斯坦布尔 大巴扎　人们通常认为，这是目前仍然在运作的最古老的非露天市场。5个世纪以前，穆罕默德二世率军队征服了君士坦丁堡（现为伊斯坦布尔），不久便建立了这个市场。他们用这种方式向当地居民彰显自己的实力。最初，这个市场只卖奢侈品，每条街上都挤满了手工匠人（珠宝匠、纺绸人、地毯织工等），市场充溢着茶、咖啡和香料的气味。市场里约有60条街、4000多家商铺！

澳大利亚 圣路市场　当亚洲和欧洲通过丝绸之路通商时，澳大利亚的原住民则通过圣路通商。他们认为，先祖们规划了这些路线，并留下歌曲，提醒后人这些路线的方向。圣路的岔口一般在河流或湖泊附近，人们常在这里交换货物。澳大利亚原住民对交易的理解很宽泛。他们除了在市场交换物品，还会互换歌曲、舞蹈、故事和仪式。

市场里可以做什么？

人们去市场买卖东西，也去交流、玩乐和学习。

聚会　采购食物　帮助可持续发展　上班　认识新国家　吃饭

采购食物

在市场里，你可以买到附近地区生产的新鲜果蔬、肉类和鱼类。这些东西没有经历长途运输，保留了最好的风味和最高的营养价值。市场里也卖加工过的食品（面包、香料、饮料、香肠等），除此之外，还有来自世界各地的食品。

帮助可持续发展

市场有利于地球的可持续发展，因为它就近提供商品，减少了塑料包装和塑料袋的使用。还有像澳大利亚墨尔本的维多利亚市场，鼓励当地发展蚯蚓农场，这能分解厨余垃圾，同时还能生产肥料。

玩乐

市场是一个奇观：人山人海，充溢着各种颜色、香味……很早以前就已经如此了。在一些市场，商贩旁边还有音乐家、杂耍演员、舞者等人在表演。摩洛哥马拉喀什的城市广场市场至今仍然如此，每个街角处都有街头艺人。泰国曼谷的恰图恰周末市场也很好玩，一开市，就会有 20 多万人来。

在巴尔的摩，我们能找到全美国最古老的市场——列克星敦市场。它的历史已经有两百多年啦！当巴尔的摩举办必利时赛马锦标赛时，这个市场则会举办螃蟹赛跑比赛，毕竟螃蟹是这儿的明星产品！

吃饭

大多数市场至少都会有一个小酒馆，有的市场甚至全是餐厅和小酒馆，没有一个摊位。在这些满是餐厅和小酒馆的市场中，最漂亮的是马德里的圣米盖尔市场。

你知道在法国的市场上，人们怎么吃饭吗？你可以带着刚买的鱼、肉或者蔬菜去某些摊位，商贩会用你带去的东西做一道让你吃完后舔盘子的菜。

学厨艺

食材商贩都是厨艺大师！你要支起耳朵，听他们的烹饪建议。另外，许多市场都开有厨艺课堂，有一些还开设了儿童厨艺工坊。

聚会

市场一出现，就成了一个会面和聚会的场所，汇集了来自各地的、各种各样的人。假设你去美国克利夫兰的西区市场，你会看到来自各国的食物：波兰、德国、爱尔兰、伊朗等。这个城市的居民就是来自世界各地，他们共同建设了这个城市。

人们喜欢去市场，在那里总会偶遇其他人。一开始，人们谈论的是菜谱和烹饪技巧，最后总会谈到人生。

市场给予了艺术家灵感，甚至促进产生了新的政治观念和政治变革。这就是它的魅力之一。

市场里有什么？

去市场买菜，能让我们的饮食更多样化。

因为市场里什么都能买到！在世界上最好的市场里，不但有当地的蔬菜、水果、肉、鱼，还有不少外国食材。即使是地球另一端的东西，也能在市场里买到，真是太方便了！当然啦，在不同国家的市场里，贩卖的食材不尽相同。

你认识图中所有的食材吗?

绿叶蔬菜

很少有食物可以像绿叶蔬菜一样,给我们提供这么丰富的维生素和膳食纤维。绿叶蔬菜把市场染成绿色,尤其在它们收获的季节:这时候市场上主要是绿色的菜,其他颜色很少。如果想饮食均衡,就要买多种多样的蔬菜,了解它们各自的营养价值。

水下世界也有"绿叶"蔬菜——藻类。在日本,许多菜里都会放藻类,它们非常有益健康!

水果

我们都喜欢水果,因为它们甜甜的。许多水果还能解渴。吃水果是一种健康的获取能量的方式!在日照时间短的国家,水果看起来不那么鲜艳。越是日照充足的地方,水果的颜色就越亮丽。

巴西帕拉州的贝伦市地处亚马孙热带雨林的入口。在当地的维罗佩索市场里,有上百种不同的水果,其中最受欢迎的是阿萨伊果。

彩色的蔬菜

市场里什么摊位看起来最像珠宝铺呢?当然是蔬菜摊位啦!你看:紫色的茄子、红色的甜椒、绿色的西葫芦、橙色的胡萝卜……夏天是蔬菜摊位色彩最丰富的时候;秋冬季节,人们只能采集地里的土豆、红薯或甜菜,颜色就黯淡了。

你一定很惊讶，一份菜单上竟然能有那么多种动物！

肉类

肉类是最娇贵的一类食材。因此，很多人会在市场里找一家信得过的肉店。肉店有很多种。禽肉店里卖的通常是鸡肉和鸭肉。在拥有广阔牧场的国家，比如阿根廷，肉店里多卖牛肉：水牛肉、奶牛肉、小牛肉……也常卖羊肉。在美国、中国和欧洲，人们常常吃猪肉。

鱼类

在临海的市场，能买到刚到港口的鲜鱼，真是太幸福啦！曾有几个世纪，只有住在海边、河边、湖边的人才能吃上鱼。如今，多亏了冷藏运输系统，人们能把鱼运送到各个地方。如果你到加拿大的圣约翰城市场，会看到古老的冰窖。在未发明冰箱之前，鲜鱼就被储存在冰窖里。

曾经，世界上最大的鱼市场在日本东京，叫"筑地市场"。那里每天售卖超过 2000 吨鱼，品种达 450 种之多！

其他动物

爬行动物、昆虫、两栖动物、甲壳动物……人类什么都吃。在某些国家被人排斥的东西，在另一个国家，可能就是再正常不过的食物了。

由于人类的过度捕食，有一些动物已经濒临灭绝，例如野生短吻鳄。相反，像昆虫这样人类吃得比较少的动物，在未来或许能养活许多人：它们富含蛋白质，而且很容易养殖。在亚洲和拉丁美洲，人们在几个世纪前就开始吃昆虫了。

* 左侧图片仅为展示动物的多样性。在我国，图中动物并非都可食用。保护野生动物，人人有责，请勿购买、食用野生动物。——编者说明

**想要发现新的做菜方法,
需要实验,混合和搭配不同的味道,
你愿意尝试吗?**

香料和作料

你一定尝过胡椒,可能也尝过辣椒和孜然,但你听说过藏红花和肉桂吗?芥末呢?光是属于香料和作料的食物,就有不下 150 种。它们能给菜品带来不同的风味。香料根植于某些国家的文化中,在它们的市场里,你能找到各种各样的香料。

在布达佩斯的中央市场,摊位上常挂着成串的红辣椒。在那里,人们把这种辣椒做成辣椒粉,很多菜里都放它调味。它几乎成了这个城市的文化符号!

豆类、谷物和种子

豆类含有很多蛋白质。如果你健身,豆类是必不可少的食物。在市场上,你能买到新鲜的、干的和煮熟的豆子。

有些豆子可以用来播种,用一颗鹰嘴豆就能种出一株鹰嘴豆。除此之外,还有一些不属于豆类的可食用种子,比如南瓜籽、向日葵籽、奇亚籽。吃这些种子能给人体补充能量!

可以储存的食品

为了能在任何季节都吃到某种食物,或者为了把它们运送到远处,我们常常会通过加工,让它们能长时间不腐坏。

为了储存而加工食物的最古老的方式,一种是风干,如意大利干番茄,通过挂在通风的室内来风干水分的腌肉和香肠;另一种是盐腌,如大西洋腌鳕鱼。此外,制果酱(如用糖腌煮水果或者蔬菜,然后密封在瓶子里)和烟熏等,也是保存食物的方法。

17

人们也吃这些

在世界上任何一个城市，我们如果饿了，都能找到东西吃，因为市场里一定有吃的。

或许你在旅行途中去过当地的市场，一眼看过去，你会觉得，市场里差不多都是你认识的食物。但是，如果你去了很远的地方，你会发现那里的市场里，有些食物非常奇怪。当然，只是对你来说奇怪，对那些市场的常客来说，这些食物再正常不过了。

现在我们就去世界各地的市场转一圈，装满我们的菜篮子。

准备好遇见惊喜了吗？记得备好你的好奇和胆量！

榴梿 在越南芹苴的水果店里，有一种壳上都是刺的水果，叫榴梿。剥开它后，会闻到臭袜子般的气味。对越南人来说，这根本不是问题，他们早已经习惯了榴梿的气味，也很喜欢吃榴梿，况且它的营养很丰富。

蜘蛛 柬埔寨斯昆的市场上，有炸蜘蛛出售。据说，100多年前，柬埔寨人就开始吃蜘蛛了。那时候饥荒频发，人们没有别的东西吃。而现在，炸蜘蛛是一道流行菜！它在蒜香味的油中炸过，吃起来外酥里嫩。

鸭舌 如果你哪天去中国北京旅游，一定要去著名的前门大街逛逛。那里有一个肉市——曾经，那里有很多肉铺。如果你在逛前门大街的时候看到一条条长长的肉，又认不出来那是什么，那多半就是鸭舌了。中国人觉得鸭舌是一道美味，他们会煎着吃或者串成串烤着吃。

菱蝗 如果你去到墨西哥瓦哈卡的食品市场，很容易能找到卖菱蝗的摊位。这些菱蝗是蚱蜢的一种，当地人从数千年前就开始食用。他们把菱蝗烤来吃，撒上一点柠檬汁、盐和大蒜调味。对于他们来说，烤菱蝗就是一道小点心。

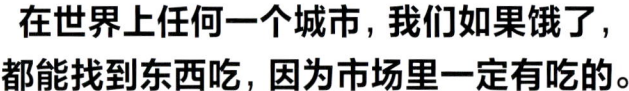

河豚 在日本下关，有一个超级大的鱼市场——唐户市场。那里卖一种昂贵却危险的鱼——河豚。它毒性极强，甚至能致人死亡！在餐厅里，只有通过了河豚烹饪课程的厨师才能烹制河豚。日本人觉得河豚十分美味，宁可冒着生命危险，也愿意花大价钱品尝。

鲟鱼子酱 在俄罗斯莫斯科的达尼洛夫斯基市场，贩卖着俄罗斯各地乃至邻国的产品。除了水果和蔬菜，还有熏鱼、鲜奶酪和鲟鱼子酱。鲟鱼子也就是鲟鱼的鱼卵。在俄罗斯，这种鱼非常珍贵。雌性鲟鱼大约需要 7 年才能性成熟产卵，因此，鲟鱼子酱非常昂贵。

蜗牛 在史前时代，人类就常吃蜗牛了。如今，在法国、西班牙、意大利等国家，人们还是很喜欢吃蜗牛。烹制蜗牛之前，要让它们在柳条筐里吐沙，排出粪便，变得干干净净！如果你觉得吃蜗牛很恶心，那注意咯：有些乳霜和化妆品就是用蜗牛分泌的黏液制成的。

苜蓿汁 难怪在厄瓜多尔基多的伊那基多市场上有那么多果汁摊位，因为这里热得让人窒息！你能在这里买到橙汁、番木瓜汁、菠萝汁、杧果汁、桃汁、桑葚汁，一种叫作"可美贝贝"的混合果汁，以及苜蓿汁！

冰岛发酵鲨鱼肉 在冰岛的港口城市雷克雅未克，有个科拉波舍第市场。市场的屋顶上挂着棕褐色的大块鱼肉，这是冰岛发酵鲨鱼肉，是用格陵兰睡鲨腌制的干鲨鱼肉。制作冰岛发酵鲨鱼肉很费功夫：渔夫们带着捕捞到的鲨鱼回到港口，在布满石子的浅滩上挖个洞，把鲨鱼埋上两个月；然后，把鲨鱼肉挂起来风干。如果你不习惯这种食物，会觉得它散发着一股恐怖的臭味，但在冰岛，它是一种传统食物。

鹅颈藤壶 鹅颈藤壶是一种非常古老的生物，从 3000 万年前起，它的模样就没有变过。这种甲壳纲动物非常难下嘴，它没头，没眼睛，外形酷似鹅颈。西班牙北部的加利西亚自治区的海岸边，总有挖鹅颈藤壶的人。这项工作非常危险，因为鹅颈藤壶常常附着在会被海浪猛烈拍击的岩石上。采鹅颈藤壶的人都非常勇敢。

蜥蜴 对某些国家的人来说，吃蜥蜴没什么好奇怪的。在非洲的许多地方，人们都吃蜥蜴。在西非最大的露天市场——加纳库玛西的克杰蒂亚市场上，就有人卖蜥蜴。

19

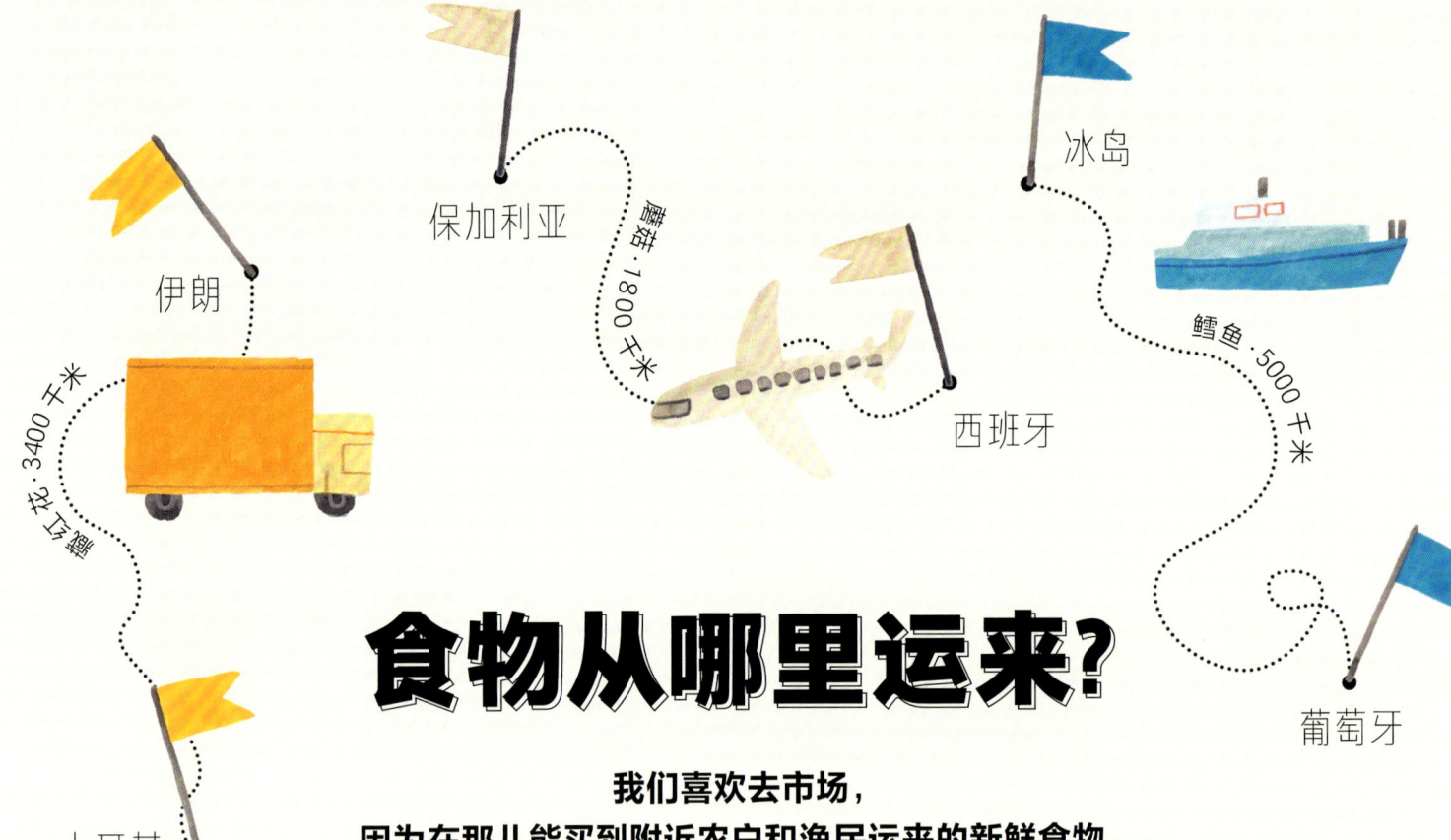

食物从哪里运来？

**我们喜欢去市场，
因为在那儿能买到附近农户和渔民运来的新鲜食物。**

几个世纪前，市场上就卖新鲜食物了！不过，感谢现代科技和新的运输手段，现在市场里几乎能买到来自全球任何一个大洲的食物。人类一直以来都有储存食物的智慧：腌制，脱水，罐藏，冷冻。这样一来，食物历经长途运输也不会腐坏。现在的市场就像一个个微缩的世界。

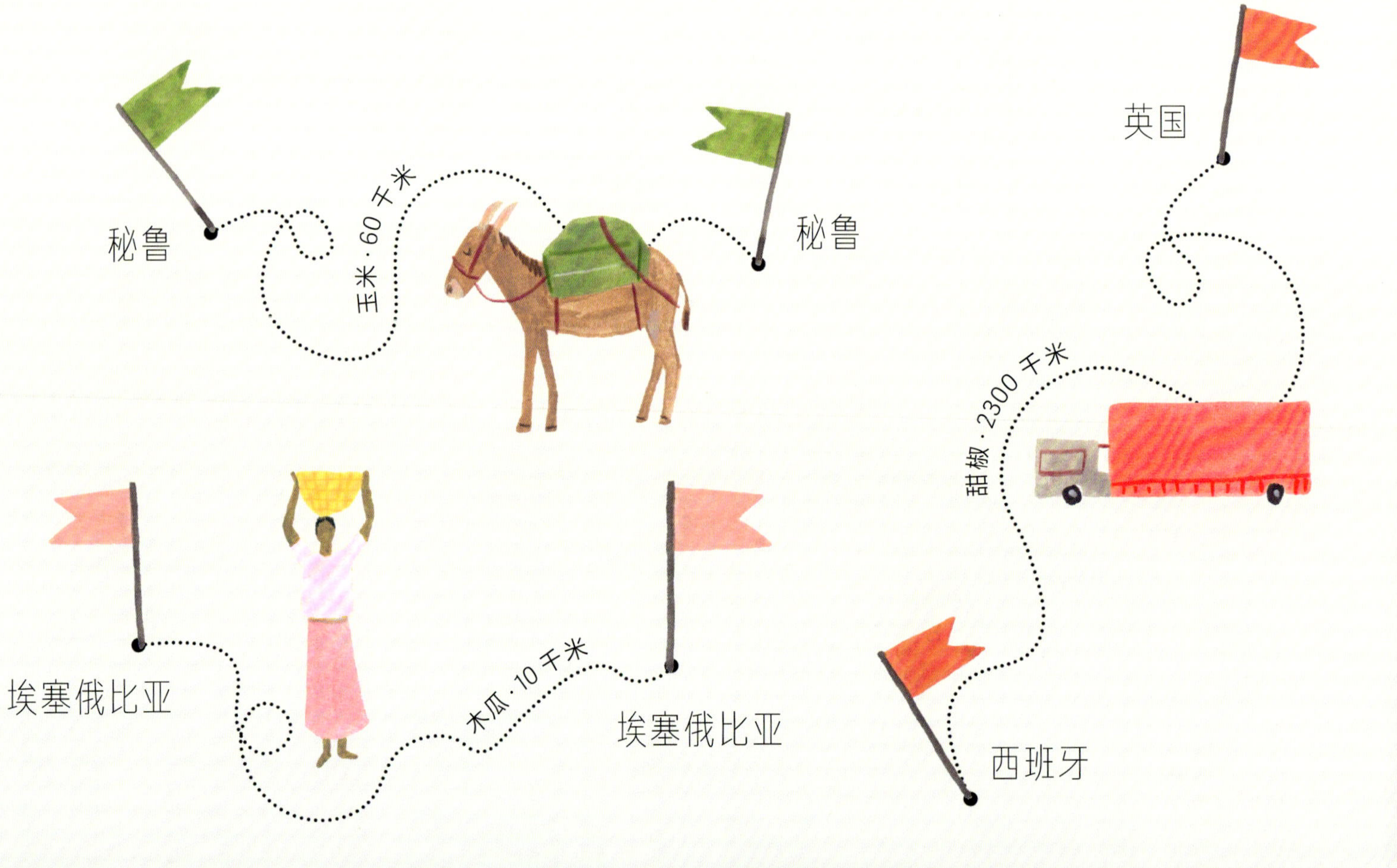

秘鲁 印加圣谷的玉米

秘鲁 库斯科的圣·佩德罗市场 60 千米 驴子运输

在乌鲁班巴的印加圣谷,每年都会收获许多玉米。农民会把玉米运送到库斯科的圣·佩德罗市场贩卖。在秘鲁种植的玉米中,有一种紫色玉米,人们用它来做一种叫"紫色奇恰酒"的饮料。

在这个市场上,你能找到许许多多印加人一直以来都在吃的食物,比如摊位占了整整一条走廊的巧克力;还有一些可能会让你惊讶的食物,比如豚鼠。这个市场以汤和果汁闻名,但也卖很多其他烹制好的食品。

玉米是世界上最受欢迎的食材之一。

西班牙 埃尔埃希多的甜椒

英国 伦敦的博罗市场 2300 千米 货车运输

在西班牙阿尔梅里亚省的埃尔埃希多,有数千亩的温室,专门用来种植水果和蔬菜。每天,上百辆冷藏货车载满红甜椒、绿甜椒和黄甜椒,以及其他的农产品从这里出发,去往欧洲的各大市场。

据说在 1000 多年以前,现在的博罗市场所在地就有许多农夫在卖东西了。现在,博罗市场是伦敦最大的市场,里面有很多来自西班牙的食物。

伊朗 藏红花

土耳其 伊斯坦布尔的香料市场
3400 千米 货车运输

中世纪时，藏红花和其他香料都是奢侈的物资。藏红花味道强烈，而且价格昂贵，所以烹饪时一般只放一点点。在连接了中国和意大利的丝绸之路上，藏红花是一种重要的流通商品。土耳其的伊斯坦布尔甚至在 1663 年建造了香料市场。现在，这个市场里仍然贩卖香料，但别的商品也多了起来，比如甜食和干果。

伊朗是全世界最大的藏红花生产国，托尔巴特海达里耶出产的藏红花会被装上货车，跋涉 3400 千米运到伊斯坦布尔。

**最贵的时候，
一千克藏红花甚至比
一千克的黄金还要贵！**

冰岛 鳕鱼

葡萄牙 波尔图的波隆市场
5000 千米 船运

葡萄牙是一个渔业发达的国家，葡萄牙人就住在大西洋旁边！但他们最常吃的鱼是远在 5000 多千米外的鳕鱼，这种鱼生活在冰岛、挪威和俄罗斯附近冰冷的海域中。葡萄牙人在约 1000 年前发现了鳕鱼，并开始捕捞鳕鱼，他们还学会了腌制和风干它们。这样非常便于海洋运输，也方便把鱼运往葡萄牙各地。波尔图的波隆市场现在还保留着 100 年前的鳕鱼摊位，模样一点没变。

公元 1000 年左右，西班牙北部的巴斯克地区就有渔民开始专职捕捞鳕鱼了。你知道吗，有证据显示，这些渔民在哥伦布踏上美洲大陆的前几个世纪，就已经跟着鳕鱼的足迹到达了加拿大的纽芬兰岛。

**葡萄牙人自诩有上千种
烹制鳕鱼的菜谱！**

保加利亚 蘑菇

西班牙 巴塞罗那的波盖利亚市场
1800 千米 空运

蘑菇是一种山野美味。有的蘑菇在许多国家很少人认识，但在有些国家，已经经常被人食用了——就像在日本和法国，蘑菇对这两个国家的人来说是一种秋冬季的家常菜。

在西班牙，尤其是在加泰罗尼亚，人们也常吃蘑菇。蘑菇当季的时候，甚至供不应求。因此，加泰罗尼亚会从其他产蘑菇却不怎么食用蘑菇的国家进口松乳菌、牛肝菌、姬松茸等。有人每天在保加利亚的森林里采摘蘑菇，这些蘑菇经过几小时的空运就能到巴塞罗那，运到时还是新鲜的。

埃塞俄比亚 木瓜

埃塞俄比亚 亚的斯亚贝巴的梅尔卡托市场
步行 10 千米

非洲最大的市场在埃塞俄比亚的亚的斯亚贝巴，当地人叫它"梅尔卡托"。它是非露天的，里面有很多不同的商品，从衣服到家具样样俱全，当然还有食物。这个市场大到一天都逛不完！

市场的果蔬区里铺展着相当多种类的蔬菜和水果，颜色五彩缤纷。收成好的时候，这里有来自埃塞俄比亚各地的杧果、木瓜、柠檬和橙子。城市近郊的农民采集蔬菜和水果，然后步行来到这里贩卖。另外，埃塞俄比亚是世界上几种最好的咖啡的原产地，这个市场里有 100 多个卖咖啡的摊位。

市场的种类

不是所有的市场都一模一样!
有一些在建筑物里,上面有天花板保护;
有一些则是露天的,就在太阳底下。
几乎所有的市场都在地面上,
但也有一些是漂在水上的。

市场能满足人们的各种需求:有手工艺品市场、书籍市场、器械市场,也有二手市场和庆祝特殊节日的临时集市,还有为专业人士开的市场。

室内市场

室内市场在漂亮的建筑里，空间大、通风，一般是由钢材和玻璃搭建而成。

两个世纪前,几个英国建筑师提出了修建室内市场的想法,他们认为这样更卫生、舒适。而且,英国经常下雨!据说英国第一个室内市场是圣约翰斯市场,1820年在利物浦建成。很快,室内市场的理念影响了全世界。1872年,智利圣地亚哥中央市场落成,直到今天它依然存在。人们认为它是世界上最棒的市场之一,这主要归功于那里好吃的鱼。

在塞内加尔的首都达喀尔,有个叫作"玛舍提林"的市场。它位于城市中心,每天都熙熙攘攘,会来许多商贩、顾客、车、动物……附近的农民在那里卖蔬菜和水果,有时候,他们会把摊位摆在市场外面。

博罗市场

英国
伦敦

露天市场

露天市场在室外，一般在广场上。
摊主们每天摆摊收摊，连续摆几天，或是一周固定几天时间摆摊。

非洲的大部分地区降雨量都非常少，因此，你会惊讶地发现，几乎所有的市场都是露天的。其中最喧闹的一个市场在马里的杰内，它每周一在一座寺庙前面的平地上开市。这个市场什么都卖，有衣服、动物，还有这个国家最具特色的食材：面条、南瓜、香料……有一些摊位可以烹调你买到的食材。如果你有机会去那里，并打算尝他们的手艺，最好带一瓶水，因为味道真是太辣啦！

危地马拉有个露天市场叫"奇奇卡斯特南戈市场"。那里很漂亮，放眼望去是各种色彩：水果和蔬菜，危地马拉特色针织品，还有圣托马斯教堂台阶上的鲜花。

奇奇卡斯特南戈市场
危地马拉

水上市场

水上市场的摊位在小船上。这种市场一般在城市的码头边,摊位依着河流散布开。由于地面没有合适的空间,人们只能在水面上争取空间。

水上市场是东南亚的特色,在缅甸、泰国和越南等国家就有许多。世界上最著名的水上市场是泰国的丹能沙都市场。这个市场的商贩是来自河边村落的农民和渔民,他们划着满载货物的船来到城市,都不需要卸货,直接在船里售卖。卖完了东西,他们就划着船回家。

听起来,这种方式好像很难让人知道船里卖的是什么,但是他们有自己的方法。在越南芹苴的才让市场,相似商品的摊位都挨在一起。另外,也有船主用棍子把他们卖的东西高高挂起,让顾客从远处就能看到。

才让市场
越南
芹苴

特别的市场

有一些市场很特别，它们有自己的名字。

当然啦，特别的市场依然是市场，只是因为有了具体的名字，我们更能明白它到底是什么样的市场。

大多数的市场都卖食品，但有一些不卖。即使如此，去了这些市场，你会发现它们的氛围和一般的市场很相似。

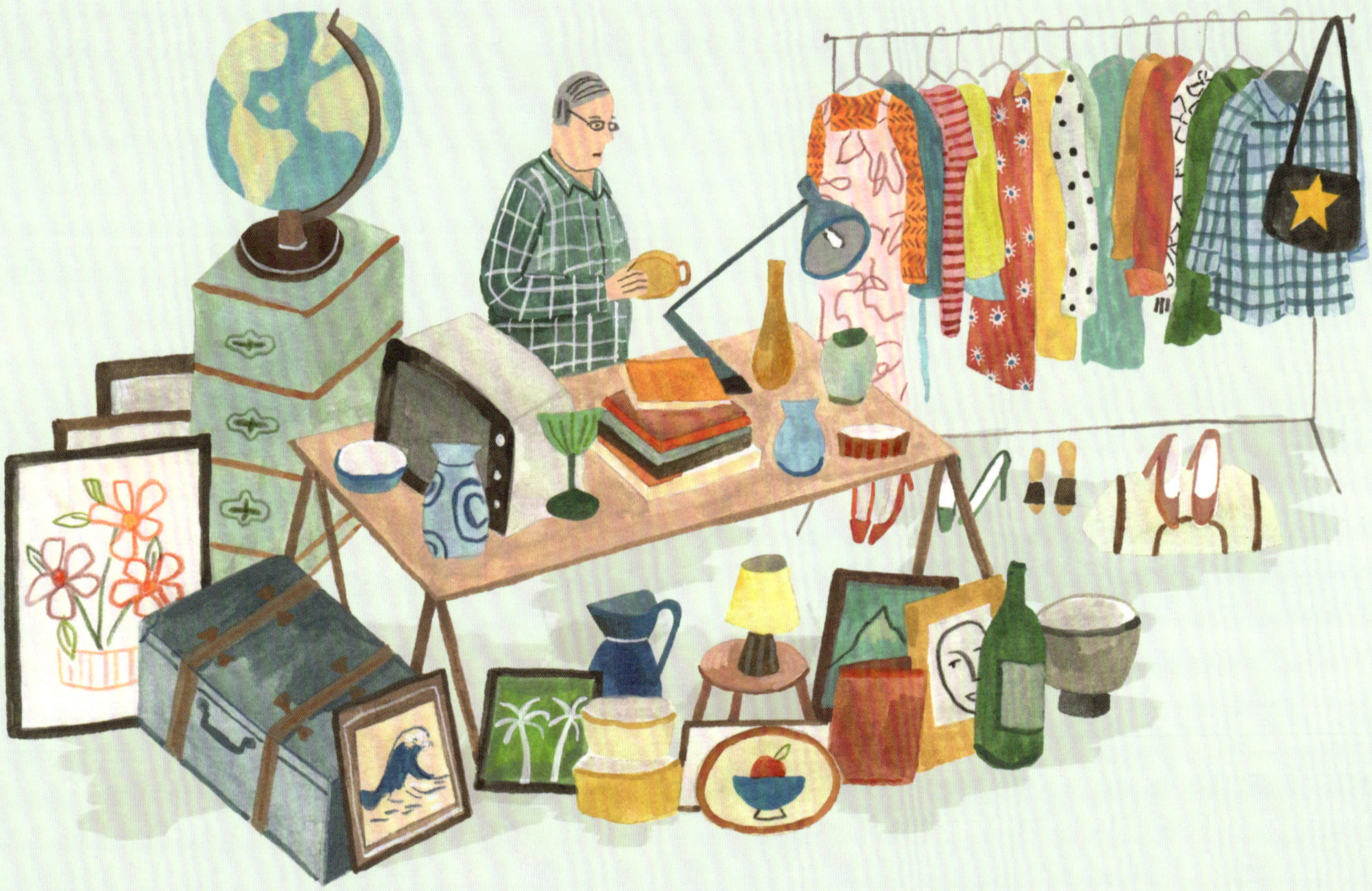

零售市场

在巴塞罗那的某些市场外面，挨着市场正门的地方，有一种不卖食品的小市场，那里有各种摊位，卖衣服、居家用品、鞋子和其他商品。人们把这种市场叫作“零售市场”。在巴塞罗那有一个很大的、专门卖二手或古旧家具和器具的零售市场——恩坎茨市场。

许多城市都有这种类型的市场，它们的名字不尽相同。在马德里，人们叫它“尾货市场”。在巴黎、布鲁塞尔和布拉格，人们则给它们起了个非常有趣的名字：“跳蚤市场”。

恩坎茨市场

西班牙
巴塞罗那

杂货市场和巴扎

在一些伊斯兰城市,也就是穆斯林占人口多数的城市,人们把杂货市场叫作"巴扎"。你可能知道开罗的汗·哈利利市场,而马拉喀什、伊斯坦布尔的杂货市场也很有名。这些市场位于城市的中心,许多珠宝、席子、家具和器具摊位聚集于此。这种市场大多数都是露天的,但也有一些在漂亮的中世纪建筑里。其中最大的一个在伊朗德黑兰。虽然那个市场因珠宝和手表而闻名,但也会卖一些传统食品,尤其是干果(其中最多的是葡萄干)。

大巴扎

伊朗
德黑兰

交易厅

在中世纪，商人们在地中海旁的交易厅达成合作，签订交易合同。交易厅对经济发展至关重要，在有些城市，人们会建造漂亮的建筑为商人提供交易场所，这些交易厅有些至今依然存在。

目前，世界上最大的水产市场是日本东京的丰洲市场，那里有一个水产交易厅。在一些大港口，渔民会把鲜鱼拿到水产市场的交易厅拍卖。每一箱鱼都会标上起拍价，然后，想要买鱼的人开始竞价，出价最高者可以买走鱼。买家通常是鱼贩或者厨师，只有他们才可以参与鱼市拍卖。

印度洋海岸的达累斯萨拉姆是坦桑尼亚最大的城市之一。每天早上，许多居民在城市的水产市场聚集，竞买渔民捕捞的新鲜的鱼和贝类。

丰洲市场

日本
东京

谁出价最高，谁就能得到鱼！

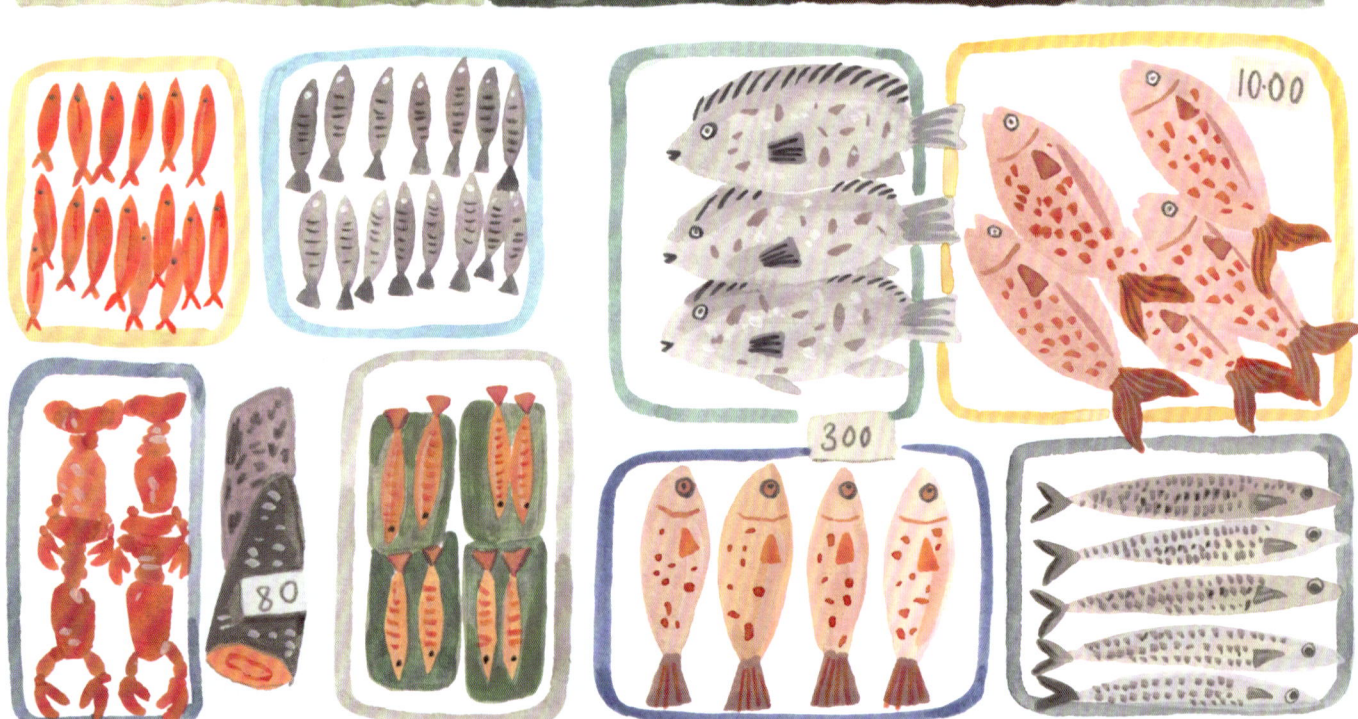

批发市场

批发市场非常大，看起来就像一个城市，里面的道路纵横交错，有许多建筑一样的货架，用来展示所有类别的商品。

想进批发市场参观，一般需要付参观费或者获得许可，因为这些市场是专为批量购买商品的专业人士准备的，比如：蔬菜罐头公司代表、大餐厅的厨师、学校食堂或医院食堂的负责人……当然，还有你去买菜的市场的卖家。

世界上最大的食品批发市场是朗吉国际市场，它在巴黎郊外。那里卖的东西让人叹为观止，你能在那儿找到上百种奶酪！

朗吉国际市场

法国
巴黎

在市场怎么付钱？

我们都知道，商店里的东西是明码标价的。

我们的生活离不开买东西，从史前时代起，人类就发明了各种付款方式来购买商品或者服务。市场不同，付款方式各不相同。不同地方的付款习惯也可能完全不同。

换物市场
埃塞俄比亚

以物换物

注意咯！这可是新石器时代人类就发明的付款方式，它十分古老，距今已经有 5000 多年历史了！早在那时候，人们就发现，仅靠自己，不能得到所有东西，所以，他们决定互换物品和服务。

几千年后的今天，依然有市场在用这种方式交易。比如在埃塞俄比亚，孔索人手工艺者就在市场里用他们的织物交换牧羊人卖的肉或牛奶，这种方式叫"以物易物"，即以物换物。

钱币和纸币

在 2700 多年前，当古希腊人发现以物换物的方式无法公平地交换所有物品时，他们开始使用金属钱币。借助钱币，可以明确地标出每件货品的价格。

相比之下，纸币出现的时间较晚，欧洲最早的纸币 300 多年前才在瑞典出现。

信用卡和手机

有时候，人们会用一张卡片付款，只要在机器上划一下或者靠近机器就能支付成功。这是信用卡，约 70 年前由美国的一家银行发明。付款时，买东西花费的钱会从我们的银行账户转到卖家的银行账户。现在，电子付款已经非常普遍，很多人都用手机付款，甚至只用一个智能手表就能付款。

讨价还价

在有些地方，商品的价钱就在纸板或标签上，固定不变。但是在另一些地方，尤其是在非洲国家，还有南美洲的一些地方，买家和卖家要讨价还价，也就是说，最后交易的价格要双方商量确定。在标价的基础上，买家提出折扣，卖家在此基础上多要一点钱，买家重新提出一个折扣……直到双方达成一致。

唐户市场
（日本下关）

圣米盖尔市场
（西班牙马德里）

城市广场市场
（摩洛哥马拉喀什）

搬运工 搬运工帮市场里的顾客运送商品。我们在玻利维亚的罗德里格斯·德·拉帕斯市场就能找到搬运工。

厨师

蔬菜商贩

渔民

卖花的人

市场由人组成

市场上，商贩、顾客与商品一样重要，甚至更重要。

肉贩

搬运工

水夫 杂货市场里常有一个水夫，他背着一个装满水的大容器走来走去，给顾客提供水。

杂货商贩

38

卫生监察员 市场里有各种各样的监察员。卫生监察员确保市场里不卖坏掉的食物。有一些监察员是兽医，他们负责监督肉的质量。

手工艺工人

香料商贩

游客

农夫

清洁工

顾客

商贩家族 一种常见的情况是，一个家族的几代人经营着同一家店。正因如此，他们非常了解自己的商品。

39

书里出现的市场

这本书里提到了全世界将近 50 个市场。
即便如此，你的住处附近一定有没出现在这里的市场。你想去发现新市场吗？

	页码	地图序号
阿兹特克 笛安吉斯市场	8	
埃及 开罗 汗·哈利利市场	33	㉟
埃塞俄比亚 换物市场	36	
埃塞俄比亚 亚的斯亚贝巴 梅尔卡托市场	24	㉘
澳大利亚 墨尔本 维多利亚市场	11	⑧
澳大利亚 圣路市场	9	
巴西 贝伦 维罗佩索市场	3, 13	
北美洲 独木舟市场	7	
比利时 布鲁日 钟楼市场	8	⑤
秘鲁 库斯科 圣·佩德罗市场	21	㉕
冰岛 雷克雅未克 科拉波舍第市场	19	㉓
玻利维亚 拉巴斯 罗德里格斯·德·拉帕斯市场	38	㊴
俄罗斯 莫斯科 达尼洛夫斯基市场	19	㉑
厄瓜多尔 基多 伊那基多市场	19	㉒
法国 巴黎 朗吉国际市场	35	㊳
古罗马 马赛拉市场	7	②
古希腊 中心广场	6	
加拿大 新不伦瑞克省 圣约翰城市场	15	⑮
加纳 库玛西 克杰蒂亚市场	19	㉔
马里 杰内 某市场	29	㉝
美国 巴尔的摩 列克星敦市场	11	⑪
美国 克利夫兰 西区市场	11	⑬
美国 伊利诺伊州 卡霍基亚集市	7	③
摩洛哥 马拉喀什 城市广场市场	11, 37	⑨

	页码	地图序号
墨西哥 特拉特洛尔科 笛安吉斯市场	8	④
墨西哥 瓦哈卡 食品市场	18	⑳
葡萄牙 波尔图 波隆市场	23	㉗
日本 东京 筑地市场	15	⑯
日本 东京 丰洲市场	34	⑯
日本 下关 唐户市场	19, 37	⑰
塞内加尔 达喀尔 玛舍提林市场	27	㉛
泰国 叻武里府 丹能沙都市场	31	⑩
泰国 曼谷 恰图恰周末市场	11	⑩
坦桑尼亚 达累斯萨拉姆 水产市场	34	㊲
土耳其 伊斯坦布尔 大巴扎	9	⑦
土耳其 伊斯坦布尔 香料市场	23	⑦
危地马拉 奇奇卡斯特南戈 奇奇卡斯特南戈市场	28—29	㉜
西班牙 巴塞罗那 波盖利亚市场	3—5, 24	①
西班牙 巴塞罗那 恩坎茨市场	32	①
西班牙 马德里 圣米盖尔市场	11, 37	⑫
西班牙 马德里 尾货市场	32	⑫
匈牙利 布达佩斯 中央市场	17	⑱
伊朗 德黑兰 大巴扎	33	㊱
英国 利物浦 圣约翰斯市场	27	㉙
英国 伦敦 博罗市场	22, 26—27	㉖
越南 芹苴 才让市场	30—31	㉞
智利 圣地亚哥 圣地亚哥中央市场	27	㉚
中国 北京 前门大街	18	⑲
中国 喀什 大巴扎	8-9	⑥

42

43

约瑟夫·苏卡拉茨

约瑟夫·苏卡拉茨是一位记者,他最喜欢享用美味的食物和进行令人愉快的对话。如果可以一起做这两件事,就更好了。因此,从 20 世纪初开始,他就致力于写美食主题的文章。他是《厨房》杂志的负责人,也是一些美食广播、电视节目和媒体的常驻嘉宾。约瑟夫与他人合写过一本关于巴塞罗那烹饪和开胃酒的书。另外,他还独自撰写了一本关于意大利面食的书。为了品尝一道菜,他愿意去世界任何一个角落。当然,他也很喜欢他的家人用家乡的葡萄自酿的葡萄酒。

米兰达·索弗罗尼欧

米兰达·索弗罗尼欧是一位住在澳大利亚墨尔本的英国插画师。她毕业于伦敦艺术大学(坎伯韦尔艺术学院)插画专业。她的插画受到旅行和自然的启发,美丽,色彩鲜艳。她常用水彩、丙烯这些传统绘画颜料作画,画面笔触自由、细节丰富。米兰达的画旨在让人们回忆起某种特定的氛围,激起他们惊喜的感觉和探索的热情,她用叙述性的画让观看者进入一个美妙的世界,享受她对日常生活的个性化诠释。